„Habt Vertrauen – Ich bin es …“

Matthäus 14,27

Hoffnungs(w)orte

Bausteine für
Pilger- und Wallfahrten

Butzon & Bercker

Bibliografische Information der Deutschen Nationalbibliothek

Die Deutsche Nationalbibliothek verzeichnet diese Publikation in der Deutschen Nationalbibliografie; detaillierte bibliografische Daten sind im Internet über http://dnb.d-nb.de abrufbar.

verlags gruppe engagement

Das Gesamtprogramm von Butzon & Bercker finden Sie im Internet unter www.bube.de

ISBN 978-3-7666-2992-0

Zusammenstellung der Texte: Heidi Rose, Kevelaer
Umschlagabbildung: © Marco Martins – stockadobe.com
Umschlaggestaltung: Tanja Manden, Kevelaer
Layout und Satz: Schröder Media GbR, Dernbach

Inhalt

Einführung ... 5

Jesus reicht uns die Hand ... 6

Gebete ... 6
Worte und Gedanken ... 9
Fürbitten ... 15

Gottes Nähe vertrauen ... 18

Gebete ... 18
Worte und Gedanken ... 21
Fürbitten ... 23

Helfende Menschen werden ... 25

Gebete ... 25
Worte und Gedanken ... 28
Fürbitten ... 32

Im Vertrauen auf Maria ... 34

Gebete ... 34
Worte und Gedanken ... 36
Fürbitten ... 40

Liedvorschläge 43
Lesungstexte und Evangeliumstext 44
Quellennachweis 47

Einführung

Im Auf und Ab des Lebens ist eine kleine Auszeit wohltuend und schenkt Kraft für die weiteren Tage. Was gibt meinem Leben Halt? Vertraue ich auf die Kraft des Glaubens?
Pilgerreisen, Wallfahrten oder ein Besuch an einem Wallfahrtsort helfen, Antworten auf diese und ähnliche Fragen zu finden. Sie schenken Zuversicht und lassen Vertrauen wachsen. Wir dürfen uns mit all unseren Anliegen Gott anvertrauen, der in Jesus Christus Mensch geworden ist. Die Jünger Jesu mussten erst lernen, was Vertrauen bedeutet. Jesus reicht immer die Hand und rettet uns. Vertrauen wir uns ihm an und schauen wir dabei auf das Beispiel der Gottesmutter Maria, die ihr Leben Gott anvertraut hat und der Sorge für ihren Sohn. Nehmen wir dieses Vertrauen mit in unser Leben und schenken es weiter, an unseren Nächsten, mit Herz und Hand.
Die Gebete, Gedanken, Fürbitten und Vorschläge für Lieder, Lesungstexte und Evangelium in diesem Buch möchten Anstöße des Vertrauens sein und Anregungen geben für die Gestaltung von meditativen Auszeiten auf dem Weg, von Gottesdiensten am Wallfahrtsort und zu Hause.

Jesus reicht uns die Hand

Liedvorschläge: siehe S. 43

Lesungstexte und Evangeliumstext: siehe S. 44

„Jesus Christus, du trägst uns mit deiner unermesslichen Liebe bis ans Ende aller Tage."

Rosemarie Becker

Gebete

Komm in mein Haus und Herz

Lass dich, Herr Jesu Christ,
durch mein Gebet bewegen,
komm in mein Haus und Herz
und bringe mir den Segen.

All Arbeit, Müh und Kunst
ohn dich nichts richtet aus;
wo du mit Gnaden bist,
gesegnet wird das Haus.

Johann Heermann

Wachse in mir

Wachse, Jesus, wachse in mir!
In meinem Geist, in meinem Herzen,
in meiner Vorstellung, in meinen Sinnen.

Wachse in mir in deiner Milde,
in deiner Reinheit, in deiner Demut,
deinem Eifer, deiner Liebe!

Wachse in mir mit deiner Gnade,
deinem Licht und deinem Frieden!
Wachse in mir
zur Verherrlichung deines Vaters,
zur größeren Ehre Gottes!

Pierre Olivaint

Deine Liebe ist verlässlich

Herr,
du hilfst mir, wenn ich rufe.
Du enttäuschst niemanden,
der dir vertraut.
In deine Hände lege ich mein Leben.
Bei dir bin ich mit all
meinen Ängsten aufgehoben.
Schütze meine Schritte und halte mich fest,

damit ich nicht stürze.
Lehre mich verstehen,
was gut für mich ist.
Erfülle mich mit Freude
über deine Gegenwart.
In Sicherheit darf ich mich wiegen,
denn deine Liebe ist verlässlich.

Alfons Höfer

Gott, du bist so schweigsam

Gott, du bist so schweigsam. Oder ich so taub. Alles, was ich weiß, und nicht mal da bin ich mir sicher: Ich vermisse dich.
Gott, du bist so schweigsam. Oder ich so taub. Aber ich fühle dich nicht. Ich suche und finde dich nicht. Meine Sorgen nagen an mir – antworte doch! Die Welt brennt – wohin geht unser Klagen? Wann reagierst du? Tust du, was in deiner Macht steht? Ich vertrau darauf, dass du mich nicht lässt und wartest! Ich will dich finden. Bitte gib ein Zeichen. Ein Säuseln oder Brausen von dir genügt. Gott, du bist so schweigsam. Amen.

Josephine Teske

Worte und Gedanken

Mit Jesus in einem Boot

Als es Abend geworden war nach einem Tag, der randvoll war mit Menschen und Begegnungen, darf ich in dem Boot, in dem du sitzt, zur Ruhe kommen.
Plötzlich erhebt sich ein heftiger Wirbelsturm. Orientierung geht verloren, Routine wird durcheinandergewirbelt. Die Wellen schlagen in das Boot, sodass es sich mit Wasser zu füllen beginnt – so wie all die kleinen Widrigkeiten des Alltags sich summieren, in das Boot meines Vertrauens schwappen, bis es mit Zweifeln und Angst vollläuft, die mir immer bedrängender an die Substanz gehen.
Und da liegst du hinten im Boot auf einem Kissen und schläfst. Kein Wort der Ermutigung, des Verständnisses, der Nähe. Der Blick auf dich geht mehr und mehr verloren im Kampf gegen das Wasser bis hin zum Aufschrei: Kümmert es dich nicht, dass ich zugrunde gehe?
Du stehst auf und trittst dem Sturm, der sich erhoben hat, entgegen.

Das, was in die Enge führt und die Luft zum Atmen nimmt, legt sich dir, dem Auferstandenen, gehorsam zu Füßen.
Und jetzt ein Wort für mich, die fast erstaunte Frage nach meinem Glauben …
Herr, hilf du meinem Glauben auf die Beine, damit er standfest und aufrichtig sein kann und erkennt, wer du wirklich bist.

Sr. M. Veronika Häusler

Vertraue!

Begegne den Zufällen
dieses Lebens
nicht mit Furcht.
Ergreife nur fest
Gottes führende Hand;
er wird bei dir sein
in Licht und Dunkel,
und wo du nicht gehen kannst,
wird er dich tragen.

Franz von Sales

Den sicheren Hafen verlassen

Aufbrechen. Anker lichten.
Fesseln lösen.
Über Bord werfen,
was mich bedrückt und bedrängt.
Den sicheren Hafen verlassen.
Neues wagen.
Mich aufmachen
zu unbekannten Zielen.
Segel setzen.
Mich dem Wind,
meinen Hoffnungen
und Träumen anvertrauen.
Den Sternen folgen.
Mich führen lassen.
Geführt werden. Vertrauen.

Gisela Baltes

Herausforderung

Gott macht es uns wirklich nicht leicht. Wir können ihn nicht sehen und oft auch nicht spüren. Gott ist ein Verborgener, ein Unerkannter, ein Unbegreiflicher, ein Unsagbarer – ein Geheimnis eben. In Jesus Christus hat sich dieser geheimnisvolle Gott als gnädiger, vergebender, versöhnender und liebender Gott offenbart. Und dennoch: Es gibt Momente in unserem Leben, in denen es schwerfällt an diesen Gott zu glauben. Gott beantwortet nicht alle unsere Fragen und erfüllt nicht jeden unserer Wünsche. Oft schweigt Gott auch – mit ohrenbetäubender Stille. Der Glaube an den geheimnisvollen, unbegreiflichen Gott ist eine Herausforderung. Daran erinnert auch einer der größten Theologen des 20. Jahrhunderts, Karl Rahner, wenn er schreibt: „Glauben heißt: Die Unbegreiflichkeit Gottes ein Leben lang aushalten."

Julian Heese

Steh auf und geh

Lausche still und schweigend
auf dein Herz.
Wenn es dann
zu dir spricht,
steh auf und geh,
wohin es dich trägt.

Susanna Tamaro

GOTTvertrauen

glauben heißt
GOTT vertrauen
trotz aller wirklichkeitszweifel

vertrauen
dass GOTT das entscheidende wirkt
und wir nur handlanger sind

vertrauen
dass GOTT in seiner kirche wirkt
obwohl wir die unsere erhalten wollen

vertrauen
dass GOTT in jedem von uns wirkt
und dass beziehung mehr wert ist als struktur

vertrauen
dass GOTT heute wirkt
und nicht irgendwie gestern oder morgen

vertrauen
dass GOTT das entscheidende wirkt
und dass ich teil seiner wirklichkeit sein darf

Wolfgang Metz

Göttliche Kraft

wenn Misstrauen
und Zweifel
sich in meinen Kopf
bohren
und Karussell
fahren

nehme ich
das Leben
in den Blick
das Gute
das Schöne
das Bejahende

und Vertrauen
kann wachsen
göttliche Kraft
in mir

Heinz Detlef Stäps

Fürbitten

Bleibe bei uns

Dein Wort: „Habt Vertrauen“ ist uns wertvoll und spricht in unser Leben und unsere Realitäten hinein. In diesem Geist des Vertrauens bitten wir dich:

- „Habt Vertrauen“, so dein Wort zu uns: Schenke dieses Vertrauen in dich den Ängstlichen und Mutlosen.
- „Habt Vertrauen“, so dein Wort zu uns: Schenke dieses Vertrauen in dich den Trauernden und Klagenden.
- „Habt Vertrauen“, so dein Wort zu uns: Schenke dieses Vertrauen in dich den Kranken und Sterbenden.
- „Habt Vertrauen“, so dein Wort zu uns: Schenke dieses Vertrauen in dich denen, die dieses Vertrauen in dich verloren haben, weil deine Kirche dieses Vertrauen verspielt hat.
- „Habt Vertrauen“, so dein Wort zu uns: Erfülle das Vertrauen jener Menschen, die in ihrem Leben auf dich gesetzt haben und die nun in deiner Ewigkeit sind.

Guter Herr: Heile Wunden! Erhöre die Bitten! Bleibe bei uns mit deiner Nähe, heute und alle Tage.

Bastian Rütten

Seiner Gegenwart vertrauen

Glauben bedeutet Vertrauen – im Alten wie im Neuen Testament, und das gilt auch für unsere Gegenwart. Bitten wir den Gott Abrahams und Jesu Christi um seine erhellende Gegenwart.

V: Wir beten für die Kirche: um Vertrauen auf deine Gegenwart und den Mut zur Erneuerung. Gott – du bist da.
A: Höre unser Rufen.
V: Wir bitten für die Menschen, deren Hoffnungen zerstört wurden: Lass sie neue, helle Wege erkennen und hilf ihnen, sie zu gehen. Gott – du bist da.
A: Höre unser Rufen.
V: Wir beten für alle, die im Dunkel der Depression leben, und für ihre Angehörigen: Gib ihnen die Kraft, die Krankheit als solche zu erkennen, sie anzunehmen und so Wege aus dem Dunkel zu finden. Gott – du bist da.

A: Höre unser Rufen.

V: Wir bitten für die Opfer von Hass und Gewalt: Lass sie einen sicheren Ort finden, an dem Leben und Hoffnung wieder wachsen können. Gott – du bist da.

A: Höre unser Rufen.

V: Wir beten für unsere Verstorbenen: Lass sie als deine Kinder Leben und Freude finden im Licht der Verklärung deines Sohnes. Gott – du bist da.

A: Höre unser Rufen.

Guter Gott, dein Licht kann unsere Dunkelheit hell machen. Hilf uns, deine Nähe zu erkennen und dir zu vertrauen – jetzt und alle Tage unseres Lebens.

Dorothee Sandherr-Klemp

Gottes Nähe vertrauen

Liedvorschläge: siehe S. 43

Lesungstexte und Evangeliumstext: siehe S. 44

> *„Jedes Sprichwort, jedes Buch, jedes kleine Wörtchen, das dir zu Hilfe und Trost bestimmt ist, wird auf geraden oder verschlungenen Wegen zu dir gelangen."*
>
> *Ralph Waldo Emerson*

Gebete

Du, in allem
Du, Gott, bist das Licht
in allen Lichtern.
Du, Gott, bist eine Blume,
herrlicher als alle Kronen.
Du, Gott, bist die Salbe
gegen alle Schmerzen.
Du, Gott, bist die unwandelbare Treue
ohne Falschheit.

Du, Gott, bist der gute Wirt,
der uns aufnimmt in allen Herbergen.

Mechthild von Magdeburg

Bitte am Morgen

Morgen,
Gott,
halte Dir mein
Gedankenkarussell hin.
Bring Ordnung rein
oder
mach aus meinem Chaos was.
Egal.
Amen.

Sr. Anna-Luisa Kotz

In deine Hände, Gott, lege ich meine Leben

In deine Hände, Gott, lege ich
die Dinge, die mir gelungen sind,
das Glück, das ich erfahren durfte,
das Vertrauen, das mich getragen hat,
die Freude, die mir geschenkt wurde,
die Menschen, mit denen ich verbunden bin.

In deine Hände, Gott, lege ich
die Dinge, die mir schiefgegangen sind,
die Zweifel, die mich quälen,
die Angst, die mir zu schaffen macht,
die Sorgen, die mein Herz besetzen,
die Menschen, mit denen ich mich schwertue.

In deine Hände, Gott, lege ich mein Leben,
die lichten und die dunklen Seiten,
und dann höre von dir die Worte:
Ich will, dass du das Leben hast,
und es in Fülle hast (vgl. Joh 10,10).

Mit dieser Zusage lässt es sich leben,
auch morgen.

Alfons Gerhard

Menschwerdung

Herr,
Du öffnest dein Herz
für die Menschen in Raum und Zeit,
auch für uns hier und heute.

Du weitest es
so sehr, dass die Sehnsucht
aller einen Platz zu finden vermag.

Bei Dir scheint Leben in Fülle.

Du lässt Dein Herz überfließen,
sodass die Liebe uns sichtbar wird.

Du schließt uns hinein,
ohne uns einzuschließen.
Deine Liebe lässt wachsen.
Und so werden auch wir
von geliebten zu liebenden Menschen.
Wir werden Mensch mit Dir.

Sr. Philippa Haase OSF

Worte und Gedanken

Über mich

Oh Gott,
hilf mir
die Wahrheit
über mich selbst
zu glauben.
Egal, wie schön sie ist.

Sr. Macrina Wiederkehr OSB

Im Innersten

Wer kommen will in Gottes Grund,
in sein Innerstes,
muss zuvor kommen in seinen eigenen Grund,
in sein eigenes Innerstes,
denn niemand kann Gott erkennen,
er muss zuvor sich selbst erkennen.

Meister Eckhart

Kind Gottes

Kind Gottes sein heißt,
dem Heiligen Geist Raum geben,
sich von ihm führen lassen,
offen bleiben für sein Wirken
in der Geschichte
und in der Weltgeschichte.

Papst Johannes Paul II.

Das ist ja wunderlich

Viele wünschen:
Ich wollte, dass ich doch wäre wie der und die!
Das ist ja wunderlich:
Denn Gott führt jeden seinen eigenen Weg;

und was macht es,
ob wir auf diesem oder jenem Weg
zum Himmel kommen?

Anna Katharina Emmerick

Fürbitten

Voll Vertrauen auf deine Liebe tragen wir heute unsere Bitten vor dich:

Wir bitten dich für alle Eltern. Hilf ihnen, ihre Kinder im Vertrauen darauf zu erziehen, dass du an ihrer Seite bist.
Du Gott, dem wir vertrauen, wir bitten dich, erhöre uns.

Wir bitten dich für alle, welche enttäuscht wurden, dass sie wieder lernen, ihren Mitmenschen Vertrauen entgegenzubringen.
Du Gott, dem wir vertrauen, wir bitten dich, erhöre uns.

Wir bitten dich, guter Gott, lass uns vertrauen auf deine Stärke, deine Zuversicht, dein Da-Sein für uns in Liebe.
Du Gott, dem wir vertrauen, wir bitten dich, erhöre uns.

Wir bitten dich für alle, denen es schwerfällt, zu vertrauen. Sei es aus Krankheit, Armut, Perspektivlosigkeit, Krieg, Ausweglosigkeit oder Skepsis allem gegenüber.
Du Gott, dem wir vertrauen, wir bitten dich, erhöre uns.

Wir bitten dich für alle Verstorbenen, schenke du ihnen das neue Leben bei dir.
Du Gott, dem wir vertrauen, wir bitten dich, erhöre uns.

VerfasserIn unbekannt

Helfende Menschen werden

Liedvorschläge: siehe S. 43

Lesungstexte und Evangeliumstext: siehe S. 44

> *„Das Vertrauen gleicht einer ausgestreckten Hand, die deinem Nächsten bedeutet, dass er nicht allein ist auf Erden."*
>
> *Katharina von Siena*

Gebete

Mach uns bereit

Herr, du hast Petrus aus den stürmischen
Wasserfluten gerettet.
Schenke uns Vertrauen und Glauben
in deine helfende Nähe.
Reich auch uns die Hand, wenn wir in Not sind.
Mach uns zu Menschen,
die deine Hilfe weiterschenken,
wann immer diese gebraucht wird.
Wir bitten dich um deine Kraft dazu.
Amen.

Heidi Rose

Wo schlägt das Herz des Christentums?

Wo schlägt das Herz des Christentums? Was ist seine ureigene Botschaft? Die Liebe. Doch wie lebt – man – Liebe? Wie bleibt sie lebendig? Was macht sie lebendig? Was hält sie wach? Wie schafft sie es, wieder und wieder all die Krusten und Schichten zu durchdringen, der Kränkung, der Sorge, der Angst um die eigene Haut, der Gleichgültigkeit und Gewöhnung, der Unaufmerksamkeit und Saumseligkeit, der Mutlosigkeit und Resignation? Bei so vielen Todeskräften, wie kann sie da gedeihen?
In Jesus von Nazaret, in seiner Funken sprühenden, seiner treuen und tätigen Freude über Gottes Nähe, ist sie leibhaftig geworden. Die biblischen Weisungen, die ihn leiten – Gottes Lebenshilfe für uns. Damit die Liebe kein Strohfeuer ist.

Susanne Sandherr

Wir werden dein Reich verkünden

Wir werden dein Reich verkünden, o Herr,
dein Reich, o Herr, dein Reich.

Das Reich des Friedens und der Gerechtigkeit,
das Reich des Lebens und der Wahrheit.

Das Reich der Liebe und der Gnade,
das Reich, das in uns wohnt.

Das Reich, dem Gewalt angetan wird,
das Reich, das nicht von dieser Welt ist.

Das Reich, das schon begonnen hat,
das Reich, das kein Ende kennt.

Aus Bolivien

Kleine Anleitung zur Nächstenliebe

Ich möchte dich lieben, ohne dich einzuengen; dich wertschätzen, ohne dich zu bewerten; dich ernst nehmen, ohne dich auf etwas festzulegen; zu dir kommen, ohne mich dir aufzudrängen. Ich möchte dich einladen, ohne Forderungen an dich zu stellen; dir etwas schenken, ohne Erwartungen daran zu knüpfen; von dir Abschied nehmen, ohne Wesentliches versäumt zu haben; dir meine Gefühle mitteilen, ohne dich für sie verantwortlich zu machen.
Ich möchte dich informieren, ohne dich zu belehren; dir helfen, ohne dich zu beleidigen;

mich um dich kümmern, ohne dich verärgern zu wollen; mich an dir freuen, so wie du bist.

Aus England

Worte und Gedanken

Freude schenken

Was es auch Großes und Unsterbliches zu erstreben gibt: Dem Mitmenschen Freude zu machen ist doch das Beste, was man auf der Welt tun kann.

Peter Rosegger

Miteinander leben

Erbarmen.
Hoffnung.
Bescheidenheit.
Menschlichkeit.
Liebe.
Mitgefühl.
Zusammengehörigkeit.
Diese Worte wollen jeden Tag gelebt werden.

Patti Smith

Ein Lächeln

Schon ein Lächeln kann so viel Schönes bewirken: Freude geben und Hoffnung schenken, Mut machen, ein Licht in den Alltag tragen. Wir brauchen dazu nur ein aufmerksames Herz, damit keiner vergebens auf ein Lächeln von uns wartet.

Nach Irmgard Erath

Begegnungen

Du bist unterwegs
und dein Blick trifft einen anderen Menschen.
Er schaut zurück und eure Blicke treffen sich.
Nur für einen kurzen Moment.
Aber für einen Augenblick,
der dich durch den Tag trägt.
An den du dich noch lange erinnerst,
der vielleicht sogar dein Leben prägt.

Du bist unterwegs
und ein freundliches Wort trifft dich.
Ein Wort, in dem Menschlichkeit
mitschwingt.
Ein Wort, dem du nicht ausweichen kannst.
Du nimmst es mit in deinen Alltag.

Du lässt es in dein Herz.
Es trägt dich.

Ich wünsche dir viele solcher Momente,
die dich tragen und dir Kraftquelle sind.

Heidi Rose

Gott sichtbar machen

Worauf es ankommt, ist, dass jeder Gläubige seinen eigenen Weg erkennt und sein Bestes zum Vorschein bringt, das, was Gott so persönlich in ihn hineingelegt hat.

Papst Franziskus

Segen für dich

Segen für dich, wenn sich dein Leben gerade nicht lösen lässt und alles, was du hast, ein leises Hoffen auf Erlöstsein ist, vom Nicht-noch-Eins zu Kurz-mal-Pause, vom Schweren zum Leichten, vom Es-geht-nicht-Mehr zum Wieder-Kraft-Haben.
Segen für dich, wenn du dich nach einem Platz sehnst zum Kurz-mal-Anlehnen, Atmen, Verschnaufen und nach einer Perspektive, die endlich durch den Nebel zu dir dringt.

Segen für dich, wenn du durch den Tag stolperst und deine Nächte kurz sind vor lauter Herzarbeit und Kopfkarussell.
Segen für dich, wenn du vor dem, was dich umtreibt, kapitulierst, weil das, was dir geblieben ist, mit jedem Scheitern weiter schwindet und der letzte Rest kaum für den nächsten Schritt reicht.
Segen für dich, wenn du raufschaust und nicht weißt, woher dir Hilfe kommt.
Segen für dich, wenn du dich zusammenreißt, um nicht auseinanderzufallen.
Segen für dich, wenn du es nicht einmal mehr schaffst, nur in diesem Moment, in dieser einen Situation die Fassade wenigstens noch dieses Bisschen aufrechtzuerhalten.
Segen für dich: dass jemand ein Licht anknipst und sagt: „Willkommen zu Hause", dass dir durch all den Nebel endlich Aussicht entgegenscheint wie ein leises Versprechen, dass morgen schon alles wieder anders wird.

Andrea Kuhla

Fürbitten

Dem Nächsten nahe sein

Guter Gott, wir kommen mit unseren Bitten zu dir:

V: Nimm alle Ängste von uns,
die uns daran hindern,
die Nähe eines Einsamen,
die Nähe eines Verzweifelten,
die Nähe eines Trauernden,
die Nähe eines Sterbenden zuzulassen.
A: Nimm alle Ängste von uns.
V: Nimm allen Stolz von uns,
der uns daran hindert,
die Nähe eines Helfenden,
die Nähe eines Tröstenden,
die Nähe eines Menschen zuzulassen,
der uns wieder neuen Mut geben will.
A: Nimm allen Stolz von uns.

Im Vertrauen auf dich, den gütigen Gott, können wir Barrieren überwinden und Menschlichkeit zulassen.

Irmgard Erath

Dein Wort trägt

Deine ausgestreckte Hand, Herr Jesus, hältst du uns entgegen. Zaghaft strecken wir unsere Hände immer wieder aus, um deine sichere Gegenwart zu berühren. So bitten wir dich:

- um Nähe und Tröstung für alle, die schwere Lasten tragen.
- um Frieden und Versöhnung in den Kriegsgebieten der Erde.
- um Umsicht und Einsatz für die Schöpfung.
- um eine ehrliche Nachfolge für alle, die Dienst in deiner Kirche tun.
- um Zuversicht und Trost für die Sterbenden.
- um offene Hände für alle, die ihr Leben auf Erden vollendet haben.

Du bist der Herr, auf den wir setzen können. Wir vertrauen dir, weil dein Wort trägt. Dich preisen wir alle Tage, bis in Ewigkeit.

Bastian Rütten

Im Vertrauen auf Maria

Liedvorschläge: siehe S. 43

Lesungstexte und Evangeliumstext: siehe S. 44

„Maria bewahrt die Worte und erwägt sie in ihrem Herzen. Bewahre du DAS WORT und es trägt dich in deinem Herzen."

Stefan Voges

Gebete

Maria

Du Mutter unseres Herrn,
wenn Liebe der Weg ist,
das Geheimnis zu verstehen,
das kein Mensch geschaut hat,
dann bist du es, der versteht.

Du liebst deinen Sohn
und er liebt dich.
Du verstehst ihn und er dich.
Darf ich uns,
seiner Einladung folgend,

in das Gespräch der Liebe
einbeziehen lassen?
Dann lass uns ergriffen werden
von deiner Liebe
und begreifen,
dass kein Wort des Vertrauens
verloren geht.

Hülle uns ein in den Mantel
deiner mütterlichen Liebe
und schenke uns Teil an der Geborgenheit,
die dir gegeben ist,
in deinem Sohn, unserem Herrn.
Amen.

Alfons Höfer

Marienmonat

Maria, dir befehlen wir,
was grünt und blüht auf Erden.
O lass es eine Himmelszier
in Gottes Garten werden.

Guido Görres

Fürsprache

Auf die Fürsprache Mariens
werde vom Herrn uns zuteil
Leben und Gnade, Friede und Heil.

Kevelaerer Segensbitte

Worte und Gedanken

Stellvertretend für mich

Manchmal kann ich nicht recht beten.
Ich weiß nicht, was ich sagen soll …
Ich habe nicht viel Zeit,
und doch so viele Anliegen! …
Die Kerze, die ich anzünde,
ist ein wenig von dem, was ich besitze,
ein wenig nur von meiner Zeit,
etwas von mir selbst.
Ich lasse sie brennen vor Gott –
vor dem Bild Mariens. Eine Kerze lässt sich –
stellvertretend für mich – verzehren.
Sie „betet“ innig für mich weiter,
während ich des Weges gehe.

Nach einem Gebet aus der Kathedrale von Avignon

Selig bist du

Maria wird aufgrund ihres vertrauensvollen Glaubens schon auf Erden prophetisch seliggepriesen. Der auferstandene Christus selbst nimmt sie, die ihn ein ganzes Leben lang geliebt hat, in die ewige Herrlichkeit auf, in der sie ganz mit ihm vereint ist. Die Krönung Marias durch ihren Sohn bedeutet die Krönung ihrer vollkommenen Liebe zu ihm.

Helga Jütten

Dein Ja, Maria

Als der Ruf an dich erging, Maria,
warst du unsicher,
hast du nachgefragt:
„Wie soll das geschehen?"

Erst dann hast du Ja gesagt,
ein vertrauensvolles,
ein bedingungsloses Ja,
das ein Leben lang galt.

Wenn der Ruf an mich ergeht,
darf ich unsicher sein,
zweifeln, nachfragen:

„Wie soll das geschehen?“

Kein leichtfertiges,
kein vorschnelles Ja
wird von mir erwartet,
keine blinde Unterwerfung.

Ich habe so viel Zeit,
wie ich brauche,
um mich zu prüfen.
Ich darf auch Nein sagen.

Doch wenn ich Ja sage,
dann nicht: „Ja, vielleicht“,
nicht: „Ja, aber“,
sondern: „Ja, ich bin bereit.“

Gisela Baltes

Plädoyer für die Sorge

„Ich wünschte, ihr wäret ohne Sorgen“ – wer würde sich diesem Wunsch des Paulus nicht sofort anschließen? Wie schön wäre es, unbeschwert von den Widrigkeiten des Lebens leichten Schrittes unterwegs zu sein. Aber geht das denn wirklich?

Wenn wir uns um etwas, um jemanden sorgen, geht es um Wichtiges: um Menschen, die wir lieben; um Werte, die uns kostbar sind. Die Sorge zielt auf ein Gegenüber, ist das Eintreten in eine Beziehung oder für Wesentliches. „Sorgen“ wird somit so etwas wie die Grundmelodie des Seins: Menschen haben dafür gesorgt, dass ich sein kann; sie haben sich um die Gestaltung der Welt gesorgt, die wir deshalb so vorfinden, wie sie ist. Sie wird wiederum uns anvertraut, wir haben unsere Verantwortung für sie wahrzunehmen.
Wie das aussehen kann, zeigt uns Maria: sie übernimmt als Mutter die Sorge für ihren Sohn Jesus. Sie verhilft ihm als Kind dazu, seine Schritte ins Leben zu gehen, sie ringt darum, seine Freiheit in rechter Weise zu wahren, sie steht treu zu ihm in allen Widrigkeiten – auch noch unter dem Kreuz.
Damit begibt sie sich in die Dynamik, die Gott selbst angestoßen hat: er will für uns Sorge tragen; er hat sich in Christus eingelassen auf unser Menschenleben, um so das Heil Wirklichkeit werden zu lassen. Ein Sorgen, das Wohl und Heilwerden des anderen im Blick hat, lässt mich also wie Maria hineinreifen in meine Gottebenbildlichkeit.

Mich im Vertrauen auf Gott verwurzeln, mit ihm zusammen dafür sorgen, dass sein Reich heilvoll Gestalt annimmt – so kann ich dem Herrn gefallen.

Sr. M. Veronika Häusler

Fürbitten

Maria – ein freies Ja

Gott setzt in seinem Heilsplan auf Marias freies Ja. Beten wir – vereint mit ihrer Fürbitte – zum Gott des Erbarmens, der Heil und Wohl der Menschen will.

V: Wir bitten für die Kirche, dass sie als wanderndes Volk Gottes die Nöte der Menschen und die Hoffnung teilen kann. Gott des Lebens.
A: Höre uns.
V: Wir beten für die Frauen weltweit, deren Rechte missachtet und die in der Entfaltung ihrer Gaben behindert werden. Gott des Lebens.
A: Höre uns.
V: Wir beten für die Familien, dass ihr Zusammenhalt gefördert wird und alle Mitglieder Bestärkung erfahren. Gott des Lebens.

A: Höre uns.
V: Wir beten um Mut und Kraft für die Menschen, deren Lebenspläne durchkreuzt wurden, dass sie neue, gute Wege suchen und gehen können. Gott des Lebens.
A: Höre uns.

Wir danken für Maria, unsere Schwester im Glauben, die auf den Gott des Lebens baute. Hilf uns, die Wege zum Leben zu suchen, heute und alle Tage.

Dorothee Sandherr-Klemp

Maria, Vorbild des Vertrauens

Heilige Maria, Mutter Gottes, Trösterin der Betrübten, hilf mit deiner Fürbitte allen Menschen, die Stärkung im Glauben brauchen.

V: Maria, Quelle der Hoffnung. Bitte für uns. –
A: Bitte für uns.
V: Maria, Stärke im Glauben. – *A:* Bitte für uns.
V: Maria, Vorbild der Liebe. – *A:* Bitte für uns.
V: Hilf den Zweiflern, auf Gott zu vertrauen. –
A: Bitte für uns.
V: Zeige den Enttäuschten die Barmherzigkeit deines Sohnes. – *A:* Bitte für uns.

V: Heile die tiefen Wunden der Verletzten und lass sie Versöhnung erfahren. – *A:* Bitte für uns.
V: Tröste alle, die wegen ihres Glaubens ausgelacht und verspottet werden. – *A:* Bitte für uns.
V: Stärke alle, die wegen ihres Glaubens verfolgt und getötet werden. – *A:* Bitte für uns.
V: Führe alle zu Gott zurück, die sich von ihm abgewendet haben. – *A:* Bitte für uns.

Helga Jütten

Liedvorschläge

Lieder aus dem Stammteil des Gotteslobs

414	Herr, unser Herr, wie bist du zugegen
416	Was Gott tut, das ist wohlgetan
421	Mein Hirt ist Gott der Herr
422	Ich steh vor dir mit leeren Händen
427	Herr, deine Güt ist unbegrenzt
430	Von guten Mächten treu und still umgeben

Marienlieder aus dem Stammteil des Gotteslobs

521	Maria, dich lieben ist allzeit mein Sinn
524	Meerstern, ich dich grüße
525	Freu dich, du Himmelskönigin
526	Alle Tage sing und sage
527	Ave Maria zart
530	Maria, Mutter unsres Herrn
531	Sagt an, wer ist doch diese
532	Christi Mutter stand mit Schmerzen
533	Lasst uns erfreuen herzlich sehr
534	Maria, breit den Mantel aus
535	Segne du, Maria, segne mich, dein Kind
536	Gegrüßet seist du, Königin
537	Ave Maria, gratia plena

Marienlieder aus dem Eigenteil des Bistums Münster

861	Sei gegrüßt, o Jungfrau rein
862	Maria, breit den Mantel aus
863	Ave Maria klare
865	Wunderschön prächtige, hohe und mächtige
866	Maria, wir dich grüßen

Lesungstexte und Evangeliumstext

Lesungstexte zum Thema zur Auswahl

Psalm 56	Auf Gott, dessen Wort ich lobe, auf Gott vertraue ich
Psalm 62	Bei Gott allein wird ruhig meine Seele
Psalm 73	Ich habe GOTT, den Herrn, zu meiner Zuflucht gemacht
Psalm 93	Dein Thron steht fest von Anbeginn, du bist seit Ewigkeit
Psalm 143	Lass mich am Morgen deine Huld erfahren, denn auf dich vertraue ich
Psalm 145	Der HERR behütet alle, die ihn lieben
Sprichwörter 3,5–6	Mit ganzem Herzen vertrau auf den HERRN
Sprichwörter 16,3	Befiehl dem HERRN dein Tun an, so werden deine Pläne gelingen
Jesaja 43,2	Wenn du durchs Wasser schreitest, bin ich bei dir
Jeremia 17,7–8	Gesegnet der Mensch, der auf den HERRN vertraut
Römer 13,3	Vor den Trägern der Macht hat sich nicht die gute, sondern die böse Tat zu fürchten
2 Korinther 5,7	Denn als Glaubende gehen wir unseren Weg
Jakobus 1,6	Wer bittet, soll aber im Glauben bitten und nicht zweifeln
1 Johannes 5,14	Und dies ist die Zuversicht, die wir zu ihm haben

Evangeliumstext

Die Offenbarung des Gottessohnes auf dem Wasser

Gleich darauf drängte er die Jünger, ins Boot zu steigen und an das andere Ufer vorauszufahren. Inzwischen wollte er die Leute nach Hause schicken. Nachdem er sie weggeschickt hatte, stieg er auf einen Berg, um für sich allein zu beten. Als es Abend wurde, war er allein dort. Das Boot aber war schon viele Stadien vom Land entfernt und wurde von den Wellen hin und her geworfen; denn sie hatten Gegenwind. In der vierten Nachtwache kam er zu ihnen; er ging auf dem See. Als ihn die Jünger über den See kommen sahen, erschraken sie, weil sie meinten, es sei ein Gespenst, und sie schrien vor Angst. Doch sogleich sprach Jesus zu ihnen und sagte: Habt Vertrauen, ich bin es; fürchtet euch nicht! Petrus erwiderte ihm und sagte: Herr, wenn du es bist, so befiehl, dass ich auf dem Wasser zu dir komme! Jesus sagte: Komm! Da stieg Petrus aus dem Boot und kam über das Wasser zu Jesus. Als er aber den heftigen Wind bemerkte, bekam er Angst. Und als er begann unterzugehen, schrie er: Herr, rette mich! Jesus streckte sofort die Hand aus, ergriff ihn und sagte zu ihm: Du Kleingläubiger, warum hast du gezweifelt? Und als sie ins Boot gestiegen waren, legte sich der Wind. Die Jünger im Boot aber fielen vor Jesus nieder und sagten: Wahrhaftig, Gottes Sohn bist du.

Matthäus 14, 22–33

Quellennachweis

S. 6: © Rosemarie Becker
S. 7, 34: aus: Alfons Höfer, Halte mich in deiner Hand, © 2005 Butzon & Bercker GmbH, Hoogeweg 100, 47623 Kevelaer, www.bube.de
S. 8: © Josefine Teske
S. 9, 38: © Sr. M. Veronika Häusler
S. 11, 37: © Gisela Baltes
S. 11: © Julian Heese
S. 13: aus: Wolfgang Metz, die liebe CHRISTI drängt uns. Gedichte, © Echter Verlag, Würzburg 2015, S. 62.
S. 14: © Heinz Detlef Stäps
S. 15, 33: © Bastian Rütten
S. 16, 40: © Dorothee Sandherr-Klemp
S. 19: © Sr. Anna-Luisa Kotz
S. 20: © Sr. Philippa Haase OSF
S. 21: © Sr. Macrina Wiederkehr OSB
S. 26: © Susanne Sandherr
S. 30: Novembersegen, © Andrea Kuhla
S. 32: aus: Irmgard Erath, Vertrau auf Gott, © 2006 Butzon & Bercker GmbH, Hoogeweg 100, 47623 Kevelaer, www.bube.de
S. 34: © Stefan Voges
S. 37, 41: aus: Helga Jütten, Maria breit den Mantel aus © 2018 Butzon & Bercker GmbH, Hoogeweg 100, 47623 Kevelaer, www.bube.de
S. 45: aus: Einheitsübersetzung der Heiligen Schrift, vollständig durchgesehene und überarbeitete Ausgabe, © 2016 Katholische Bibelanstalt GmbH, Stuttgart. Alle Rechte vorbehalten.

Leider war es nicht in allen Fällen möglich, den Rechtsinhaber ausfindig zu machen. Entsprechende Hinweise nimmt der Verlag gerne entgegen. Rechtsansprüche bleiben gewahrt.